Todos los libros de Linkgua Ediciones cuentan con modelos de Inteligencia Artificial entrenados por hispanistas. Pregúntale al chat de tu libro lo que desees acerca de la obra o su autor/a.

Para ebooks: Accede a nuestro modelo de IA a través de este enlace.

Para libros impresos: Escanea el código QR de la portada con tu dispositivo móvil.

Obtén análisis detallados de nuestros libros, resúmenes, respuestas a tus preguntas y accede a nuestras ediciones críticas generativas para una experiencia de lectura más enriquecedora.
La transparencia y el respeto hacia la autoría de las fuentes utilizadas son distintivos básicos de nuestro proyecto. Por ello, las respuestas ofrecen, mediante un sistema de citas, las fuentes con las que han sido elaboradas.

Fernán Peréz de Guzmán

Don Pablo de Santamaría
y 16 epístolas

Barcelona 2024
Linkgua-ediciones.com

Créditos

Título original: Don Pablo de Santamaría.

© 2024, Red ediciones S.L.

e-mail: info@Linkgua-ediciones.com

Diseño de cubierta: Michel Mallard.

ISBN rústica: 978-84-96428-23-2.
ISBN ebook: 978-84-9897-748-6.

Sumario

Brevísima presentación

La vida

Fernán Pérez de Guzmán (1370-Batres, 1460). España. Pérez de Guzmán fue señor de Batres, sobrino del canciller Pero López de Ayala y tío del marqués de Santillana, Íñigo López de Mendoza. Sus padres fueron Pedro Suárez de Guzmán y Elvira de Ayala.

Embajador en Aragón en tiempo de Enrique III, combatió en la batalla de La Higueruela, en la que salvó la vida a Pero Meléndez de Valdés, capitán de la mesnada del señor de Hita. Fue muy amigo del obispo de Burgos, el gran humanista hispano-judío Alfonso de Cartagena, con quien compartía un gran interés por la filosofía de Séneca y a cuya muerte dedicó las *Coplas a la muerte del obispo de Burgos*.

Su parentesco con el arzobispo de Toledo, don Gutierre Gómez, vehemente partidario de los infantes de Aragón, lo llevó a apoyar a López Dávalos y a Fernándo de Antequera lo que pagó con la prisión, que abandonó para retirarse a los cincuenta y seis años a su señorío de Batres.

Desde entonces se consagró a la lectura y el estudio hasta su muerte, a los ochenta y dos años de edad.

Don Pablo de Santamaría

Don Pablo, obispo de Burgos, fue un gran sabio y valiente hombre en ciencia. Fue natural de Burgos y fue hebreo, de gran linaje de aquella nación. Fue convertido por la gracia de Dios y por conocimiento que hubo de la verdad, que fue gran letrado en amar las leyes. Antes de su conversión era grande filósofo y teólogo, y desque fue convertido, continuando el estudio estando en la corte del papa en Aviñón, fue habido por grande predicador. Fue primero arcidiano de Treviño, y después obispo de Cartagena, a la fin, obispo de Burgos, y, después, canciller mayor de Castilla.

Hubo muy grande lugar con el rey don Enrique el tercero y fue muy adepto a él; y, sin duda, era muy grande razón que de todo rey o príncipe discreto fuese amado, ca era hombre de gran consejo y de gran discreción y de gran secreto, que son virtudes y gracias que hacen al hombre digno de la privanza de cualquier discreto rey. Cuando el dicho rey murió, dejolo por uno de sus testamentarios. Y después hubo grande lugar con el papa Benedicto XIII.

Fue muy grande predicador. Hizo algunas escrituras muy provechosas de nuestra fe, de las cuales fue una las *Adiciones* sobre Niculao de Lira, y un tratado *De cena Domini*, y otro *De la generación de Jesucristo*, y un gran volumen que se llama *Escrutinio de las Escrituras*, en el cual, por fuertes y vivas razones, prueba ser venido el Mesías, y Aquel ser Dios y hombre.

En este lugar acorde de enxerir algunas razones contra la opinión de algunos que, sin distinción y diferencia, absoluta y sueltamente condenan o afean en grande extremo esta nación de los cristianos nuevos en nuestro tiempo convertidos, afirmando no ser cristianos ni fue buena ni útil su [conversión]. Y yo, hablando con reverencia de los que así determinadamente y sin ciertos límites y condiciones lo dicen, digo que no dudo que una gente que toda su generación vivió en aquella ley, y ellos nacieron y se criaron en ella y, mayormente, los que en ella envejecieron y fueron por fuerza, sin otras amonestaciones y exhortaciones, traídos a nueva ley, que no sean así fieles y católicos cristianos como los que en ella nacieron y fueron enseñados e informados por doctores y escrituras. Ca aun los discípulos de nuestro Señor, que oyeron sus santos sermones y, lo que es más, vieron sus grandes miraglos y maravillosas obras, y, con todo eso, a la pasión, lo desampararon y dudaron de su resurrección con mengua de la fe, hasta que por el Espíritu santo fueron confirmados en la fe. Y aun después, por ordenanza de los apostoles, a los que de nuevo se convertían dejaban usar algunas ceremonias de la ley vieja, hasta que, poco a poco, se afirma en la fe. Por todas razones no me maravillaría que haya algunos, especialmente mujeres y hombres groseros y torpes, que no son sabios en la ley, que no sean católicos cristianos; ca el sabidor o letrado más [ligero] es traer al conocimiento de la verdad que el ignorante, que solo cree la fe porque la heredó de su padre más no porque della haya otra razón. Pero yo esto no lo creo de todos así generalmente, antes creo haber algunas devotas y buenas personas entre ellos, y muévenme a ello las razones siguientes: la primera, que de tanta virtud creo ser la santa agua del bautismo, que no sin algún fruto sería en tantos esparcida y derramada; la segunda, que yo he conocido y conozco dellos algunos buenos religiosos que pasan en las religiones áspera y fuerte vida de su propia voluntad; la tercera, que he visto algunos, así en edificios de monasterios como en reformación de algunas órdenes que en algunos monasterios estaban corruptas y disolutas, trabajar y gastar asaz de lo suyo, y vi otros, así como este obispo o el honorable su hijo don Alfonso, obispo de Burgos, que hicieron algunas escrituras de grande utilidad a nuestra fe. Y si algunos dicen que ellos hacen estas obras por temor de los reyes y de los prelados o por ser más graciosos en los ojos de los príncipes y prelados y valer más con ellos, respondoles que por pecados no es hoy tanto el rigor y celo de la ley ni de la fe porque con este temor ni con esta esperanza lo deban hacer, ca con dones y presentes se ganan hoy los corazones de los reyes y prelados mas no con virtudes y devociones, ni es tan riguroso el celo de la fe porque con temor de él se deje de hacer mal y se haga bien. Por ende, a mi ver, no así precisa y absolutamente se debe condenar toda una nación, y no negando que las plantas nuevas e injertos tiernos han menester mucha labor y gran diligencia; y aun digo más, que los hijos de los primeros convertidos deberían ser apartados de los padres, porque en los corazones de los niños gran impresión hacen los preceptos y consejos de los padres. Y aunque así fuese como ellos por larga manera lo quieren afirmar, yo digo que todavía su conversión fue util y provechosa, ca el apostol san Pablo dice: «En esto me alegraré que el nombre de Jesucristo sea loado con verdad o con infinta». Asimismo, puesto que los primeros no sean tan buenos cristianos, pero a la segunda y tercera generación, y todavía más adelante, serán católicos y firmes en la fe. Y para en prueba desto, en las crónicas de Castilla se lee que cuando los moros ganaron la tierra, por pecados del rey Rodrigo y traición del conde Julián, muchos de los cristianos fueron tornados a la secta de los moros, cuyos hijos y nietos y descendientes nos defendieron y defienden la tierra y son asaz contrarios a nuestra ley, ca tanto quedó España poblada dellos como de moros. Yo vi en este nuestro tiempo, cuando el rey don Juan el segundo hizo guerra a los moros, que, por división que habían los moros con su rey Esquierdo, se pasaron acá muchos caballeros moros y, con ellos, muchos elches, los cuales, aunque habían asaz libertad para lo hacer, nunca uno se tornó a nuestra fe porque estaban ya afirmados y asentados desde niños en aquel error, y aun algunos dellos que acá murieron así estaban ya endurecidos en aquella malaventurada secta y presos de aquel error, que aun en el artículo de la muerte, cuando ya no esperaban gozar de aquellas carnales deleitaciones, ni habían temor de los moros estando en tierra de cristianos, murieron en su mala y porfiada secta. Pues ¿por qué yo no pensaré de algunos de los conversos lo que vi de todos aquellos? Y así, a mi ver, en todas aquestas cosas son de dejar los extremos y tener modos y límites en los juicios; o si de algunos saben que no guardan la ley, acúsenlos ante los prelados en manera que la pena sea a ellos castigo y a otros ejemplo: mas condenar a todos y no acusar a ninguno, mas parece voluntad de decir mal que celo de [corrección].

Tornando al propósito, murió este obispo don Pablo en edad de ochenta y cinco años, y dejó dos hijos, grandes letrados: don Alfonso de Burgos y don Gonzalo, obispo de Placencia.

Generaciones y semblanzas, 1450

Epístola I

Al magnífico señor Pedro de Estúñiga, justicia mayor del rey

Más festivo que el domingo de Pascua fue el viernes 5 deste mes, ca parió la reina un hijo, que la infanta doña Leonor tomara que fuera hija; porque vuestra merced vederá lo que va de diez cuentos de florines de dote que llevará, o ser reina de Castilla. Dios le señala por buen rey, pues que nació en la víspera de los reyes: y agüeros trae de que será adivino, y saludador, pues nació en viernes. La reina tuvo un flujo en demasía; mas yo la acomodé un parche con que se estancó. Bautizaron ayer al príncipe, y lo llaman Enrique: digamos que Dios le haga tan cobrado como su abuelo. Bautizólo el obispo de Cuenca, que se tusó la barba, y se vistió de nuevo, que parecía que demandaba la vacanza del arzobispado de Toledo. Vuestra merced se echó de menos; mas buenos florines salvó por estar ocupado en esa buena perreda de los aragoneses. El rey señaló por padrino del bateo al duque don Fadrique, aunque está en Galicia, y que por él lo fuese don Alonso hijo del almirante, y también su padre el almirante, y el condestable don Álvaro, y Diego Gómez de Sandoval: que éste sobre todos salió de madre, y sacó muy apuestos los de su casa, los criados bajos de entrapada bermeja con carreras de medio velludo amarillo y los de cerca de sí, de velarte morisco, y revesadas de colorado, y pespuntadas las orlas. El almirante llevó más gente suya, mas no tan a punto, también de pabonado, y tiras blancas: y su hijo, que era sustituidor del duque don Fadrique, pasó a todos, porque sacó unas calzas ni francesas ni castellanas, blancas, con tomados de piezas de oro, y su gente llevó hatos muy más ricos recamados de orfebrería. El condestable no llevó casa, porque todos eran de su casa: y sacó un collar que le dio el rey de Aragón, que es valioso en 1.000 florines de oro. Las madrinas sí que son para ver y oír, la mujer del almirante, y la mujer del condestable, y la mujer del adelantado. La del almirante llevaba una cara acontecida símil símil a la de doña Juana de Mendoza, que es ella misma, y dice Pajarón, que no ha visto otra cara que se le parezca: sacó una saboyana ceñida, de medio raso pardo, con vivos de armiños, y tomados de verde. Doña Elvira Portocarrero salió de blanco, que la apodó Pajarón, como escarabajo en leche, con cuchilladas sobre nacarado, abotonada de granates falsos. Doña Beatriz de Avellaneda llevó una ropa escotada de punzado morado, y mangas largas de arriba a bajo con tiras de seda azul, y armiñada, y las vueltas nacaradas. Esta, dijo el Canónigo Leon que le placía más sola, que esotras dos juntas; y lo mismo dijera vuestra merced. Hubo grande procesión de todos los Prelados que se hallaron en esta villa, que duró más que al obispo de Palencia le fuera en grado; pues se hubo de meter en una casa, y decir que tenía cámaras, por no decir que tiene sesenta y seis años. Un famoso torneo se prepara de cincuenta con cincuenta. No hay alegrías que no sean pocas por la salud de un rey bueno; y por el nacimiento de un hijo tan deseado. Vuestra merced venga antes que nos vamos, porque dicen que presto saldrá el rey: solo esperan al señor don Juan de Lara. Nuestro Señor mantenga y prospere a vuestra merced. Hecha

El bachiller Fernán Gómez

Epístola II

Al mismo señor, justicia mayor del rey

Mando a vuestra merced este personero cabalgando, para que sepa con antes, que parten el conde de Benavente, y Fernándo Alonso de Robles para esa ciudad de Burgos, a fía de que vuestra merced haga con el rey de Aragón que reparta su hueste, y que vuestra merced guardará en el castillo de esa ciudad al infante don Enrique, para ponerle en libertad en derramando por su tierra la hueste el rey de Aragón. Cate mientes vuestra merced que Fernán Alonso de Robles y otros sospechan que vuestra merced tiene placer de la entrada del rey de Aragón en Castilla: y se diz que Ruy Martínez de Vera, ayo y camarero mayor del infante, que fue a dar parte de su prison al rey su hermano, llevó cartas de creencia de vuestra merced: y con hacerle ahora faraute desta concordia le meten el lazo al pie, como a Cristo cuando le demandaron si se debía de pagar el pecho a Cesar. El doctor Periañez es buen servidor de vuestra merced Nuestro Señor &c.

Epístola III

Al magnífico y reverendo señor don Juan de Contreras, arzobispo de Toledo

Demos a Nuestro Señor las gracias, que son llegados los
capítulos de la concordia con el rey de Aragón, que dentro de
treinta días se han de otorgar, si las revueltas del adelantado
Pero Manrique no lo arriedran todo: ca el rey de Navarra
con poder de nuestro señor el rey lo ha hecho, y sentirá por
desaguisado si se rehúsa la concordia. Diego Gómez de Sandoval ha escrito al rey de Navarra, que al honor del rey don
Juan no cumple soltar al infante don Enrique, teniendo el rey
de Aragón aparejada su gente de armas. Pedro Maza viene
a recibir la persona del infante don Enrique: a buena tabla
come en casa del condestable, y esperará la vuelta del personero que fue al rey de Navarra. Arrufanse los mastines por el
hueso que comen los gozques. Juan Rodríguez de Castañeda
el de Fuentidueña, esperaba la soltura del infante, porque
es el que procura los hechos del adelantado Pero Manrique.
Supo el rey que estaba en Siete Iglesias, y a medianoche con
perros y monteros dijo que iba a coger un lobo, y fue en persona a prenderlo; pero el lobo se le volvió raposo, y se le salió
de la zalagarda. Nuestro Señor &c.

Epístola IV

Al magnífico reverendo señor don Juan de Contreras, arzobispo de Toledo

La soltura del infante don Enrique ha sido el cochino de Juan
Dávila, cátalo vivo, y cátalo muerto. Ya se deshizo la concordia que trajo ordenada de Aragón Pedro Maza, y ya se
volvió a hacer otra, y el infante se mete en poder del rey de
Navarra, que lo deberá tener, como si fuese su alcaide hasta
que derrame el rey de Aragón su gente de armas. El rey don
Juan, envió su alvalá a Gómez García de Hoyos, guarda del
infante don Enrique, para que le entregase al rey de Navarra,
o a su cierto mandado: y cumpliéndolo, lo entregó al mariscal Pero García de Herrera, que fue con cuatrocientos hombres de armas por su señoría. Y Sancho de Estúñiga, mariscal
del infante, y Ruy Martínez de Vera, ayo del infante, fueron
con él. Y la carta que tiene el rey de Gómez de Hoyos narra,
que por mandado del rey de Aragón, a la hora que fue libre
el infante, por los oteros y las sierras se hicieran ahumadas,
en tal guisa que en un día colarían del castillo de Mora, hasta
San Vicente de Navarra, adonde estaban los reyes de Aragón
y de Navarra, si aprobara los tratados el rey don Juan. Tiene
carta el rey, que en Agreda salió a recibir el rey de Navarra
al infante, y narran al rey, que habló el infante muy honrada-
mente de su señoría, de que plugo al rey de Navarra, que desea la paz. Más aguzadores del mal han escrito al almirante,
y al condestable, y al conde de Benavente, que Juan Ramírez
de Guzmán, comendador de Otos, pasó a hacer reverencia
al rey de Aragón con credencias del maestre de Calatrava su
pariente, del maestre de Alcántara, y de Pedro Manrique, y
otros complacientes de la liberación del infante: y narran,

que esta embajada es por haber alianzas con el rey de Aragón para sus haciendas: y dice que también porque si el rey y el infante quisieren vengarse de los que cerca del rey mandan, seguirán todos su pendón. El alma le sacará de mal pecado Fernándo Alonso de Robles, y en pos de Juan Ramírez de Guzmán fueron allá. Mas se diz de seguro, que el rey de Navarra viene a entender con el rey en los hechos del infante: y porque Pedro Manrique, que le acompaña, no osa venir sin alvalá de seguro, atienden que el rey se lo conceda; que si lo hiciere, no lo hará de grado. Nuestro Señor mantenga y prospere la vida de vuestra magnífica reverenda &c

Epístola V

Al mismo arzobispo

Somos venidos a Toro, y plega a Dios que el toro no nos tope; ca en Segovia no vimos la Pascua, y en Toro hallamos la cuaresma y la penitencia. Y el adelantado Pero Manrique, con poder de don Enrique, y de la infanta su mujer, ha desembargado las rentas del su maestrazgo: otrosí la plata, y las joyas, y las ropas, y las mulas, y los caballos. Mas las hablas y las confederanzas de unos y de otros se divulgan: y las mil lanzas que el rey manda andar con la Corte las zahiere el conde de Benavente y el adelantado, y Diego Gómez de Sandoval, y han hecho que los procuradores piden al rey que las derrame. Yo creo saber que el rey despedirá seiscientas lanzas; mas don Álvaro de Luna no se halla bien guardado con solo cuatrocientas lanzas. Todo anda de ventisca: y bien lo oteaba Juan Hurtado de Mendoza, que dijo al padre Finestrosa, cuando era para finarse, que andaba de buena gana, por no quedar a gustar las desaventuras de nuestros días. También el almirante queda a porta inferi; pero hase hecho más doliente de suyo, porque le visitase el rey, que le ha visitado dos veces con mucha amistad, y le ha dado para su hijo y para su testamento lo que tira de su señoría. El adelantado Diego Gómez de Sandoval ha hecho un buen troque, que ha vuelto al rey de Navarra la cédula del Lugar de Maderuelo que su señoría le había promeso cuatro años de primero, y el rey le ha dado la villa de Castroxeriz: y a su ruego el rey don Juan le ha dado la promesa de hacerle conde de Castroxeriz en saliendo de Toro; que este toro para unos es bravo, y para otros lidiadero. Bien puede vuestra reverenda merced llamarle de conde si le escribirá; que los de la casa del rey de Navarra le

llaman de conde, y otros con esos. Nuestro Señor mantenga
y prospere &c.

Epístola VI

Al virtuoso doctor Periañez del consejo del rey

Con las haldas en mano andamos dacá paracullá, gastados por de fuera como los encuadrejos de los mulos del rey, y más roídos por lo hondo que las vigas del sobrado que se hundió sobre la vuestra merced y mí en Villarezo. Vinimos de Zamora a Valladolid, porque dijeron al rey que la villa se hundía en guerras civiles de Mario y Sila; y eran unos seis carda estambre, que se sustrajeron a la torre de la puente. El rey se ha ensañado del mal proveimiento que dan a la justicia los regidores de Valladolid, y ha dejado al relator Fernándo Díaz de Toledo para que acabe la pesquisa desta desbarrada, y se ha vuelto para Zamora por otra símil que ha pasado: que su señoría, Dios le prospere la vida, es acucioso de ver y curar de todo. La relación que han hecho al rey dice deste tenor: Que llevaban en Zamora preso a un hombre, y la gente de la casa del almirante se lo había tomado al Merino: y el caudillo de la gente del almirante es un su pariente Alvar Pérez de Castro, en que yo no paro mientes; y este dijo, que la almirantesa doña Juana de Mendoza se lo mandó; que es mentira, que no se lo mandó: y que por cubrir el mal hecho Álvaro de Castro llevó el preso al alcalde, y no lo quiso tomar: y el almirante, que ende llegara, lo mandó a Toro a la cárcel del rey. Su señoría, sabido esto, no le plugo de llegar a Zamora, y pasamos a Simancas: y mandó al virtuoso doctor Pedro González, que pesquise la puridad del negocio, y llevase el preso a Zamora. Ahora es venido cabalgando un mozo del doctor Pedro González con carta para el rey, que relata, que trayendo el doctor al nombre preso, y trayéndolo engarrado un alguacil del rey, salió mucha gente de Zamora con armas, y el Vicario y clero, y quitaron con armas al hombre, diciendo que era de Corona, y lo metieron en la Iglesia: y Juan de Valencia, caballero de Zamora, mandó a un escudero suyo, que le trochase la cadena que tenía. Y hételo aquí que volvemos a Zamora mañana: de allá ajuntaré a esta narración el fin de lo que será. Nuestro Señor mantenga &c.

Epístola VII

Al virtuoso doctor Periañez del consejo del rey

En este juego de lanzadera, que va y viene sin reposar, perecerán nuestras vidas; y quiera la Divina misericordia que también no perezcan las ánimas. El rey llegó a Zamora dadas las tres horas de noche, habiendo sin descabalgar andado catorce leguas. Mandó cerrar las puertas y postigos: y por arte de don Enrique de Villena se apareció allí Fernándo Díaz de Toledo, que había quedado en Valladolid: y al rey le plugo de lo ver, para que el hiciese la pesquisa. Y mandó prender a don Enrique hijo del almirante, y a otros caballeros, y a Juan de Valencia y muchos escuderos, y hombres bajos, y al vicario y clérigos. El almirante, por desenojar al rey con su hijo, buscó adonde estaba escondido el escudero de Juan de Valencia, y llevóselo al rey, y luego fue ahorcado: y fue degollado otro escudero. Y mandó el rey soltar al hijo del almirante, a Alvar Pérez, y los otros caballeros, y escuderos, y hombres buenos. Y el rey, y los de su casa fuimos a la Fuente del Sauco a holgar con la reina, que muy apuesta le atendía. Deleitanse sus señorías en la cacería, y pesca con recobas; pero van y vienen demandas del rey de Navarra para que el rey don Juan vaya a Villalpando, como se lo prometió. Y el adelantado Pedro Manrique punza al rey don Juan; y con cartas punza al rey de Navarra, para que se lamente: y su señoría de nuevamente ha enviado a esto a Jiménez de Urrea, su caballerizo. No se acaba de ver conclusión, ni ponerse nada en obra: unos lo achacan a lo que el conde de Castroxeriz cuchuchea al rey de Navarra: otros lo cargan y recinchan a don Álvaro de Luna.

Yo ruego a Nuestro Señor que cierre mis labios, y no como el Salmista, que me los abra. Nuestro Señor mantenga &c.

Epístola VIII

Al magnífico señor Pedro de Estúñiga, justicia mayor del rey

Como lo demanda el tiempo tan cubierto de tratos que por nuestras culpas vivimos, ando con codicia del bien de vuestra merced, ca no carece de enemigos: y si vuestra merced pudiese por presencia avisarse a sí mismo de lo que le cumple, yo sería desembargado del subsidio; ca no me permite la antigua servitud de mi señor, que gloria posea, con los de vuestra merced descargarme dello sin su placer. Las letras de vuestra merced son entregadas al condestable, y a Pedro de Velasco, y al almirante. A todos pluguieron; ca todos hacen del buen semblante. La persecución que se hace al condestable es más mucho que de primero grande: y la gente de estado que sigue al infante don Enrique, a fin de aterrar al condestable, es muy más declarada. Y por otra vía yo he penetrado que el infante don Enrique se cartea en puridad con el condestable, y que de noche, en traje de montero del condestable, entra en su cámara cerrada Ruy Martínez de Vera, ayo del infante, de quien su señoría mucho se confía, y también el condestable: ca dicen que don Juan Martínez de Luna el de Gotor abuelo del condestable de parte de su padre, era hijo de doña María de Vera, hermana del abuelo deste Ruy Martínez: y diz que le ha promeso 50.000 maravedís de juro del rey, y dos villas si hace estos conciertos. Y la persona de quien yo lo he sabido es cercana al escribano de puridad del condestable. Por ende vuestra merced no se desmembre de los amigos que son declarados por el infante, ni menos se mal avenga con el condestable; ca si el infante se compone con él, los que hubieren sido contra don Álvaro fincarán con lo peor: ca el infante cuidará de lo suyo, y el condestable y el rey buscarán la mala ventura a los enemigos del condestable. Mando a monje cabalgando, porque no confío de otro mozo esta epístola. Vuestra merced me le mande de súbitamente, y me afirme la determinación que le queda en venir, o quedar. Nuestro Señor &c.

Epístola IX

Al magnífico y reverendo don Lope de Mendoza, arzobispo de Santiago

No ha sido en mi mano dar parte antes a vuestra merced de mí ni de otros desque me condolí de la muerte del magnífico primo de vuestra merced Juan Hurtado de Mendoza; ca si mi arte no pudo alongarle la vida con la cura, con la acucia cumplí mi deber. Ende pues no habernos habido momento de quietud, del palacio a la cocina, o por decir mejor, de un mal en otro: ca nuestros pecados no se quieren partir de nos, o nos no queremos partir de ellos. Mal que bien, de fuerza o de grado, el rey de Navarra, y el infante don Enrique están de consuno en el hospedaje del Convento de san Pablo, y hacen estado a los maestres de Calatrava y Alcántara, que son de su conseja, y muchos otros caballeros, que en paseando la villa meten la capa sobre la cara. De cada día van viniendo los gordos, que todos son llamados con un reclamo. A Pedro de Velasco el camarero mayor, y a Fernán Álvarez de Toledo el de Valdecorneja, y a Iñigo López, hermano de vuestra merced, que cada cual se vino de por sí, salieron a recibir el rey y el infante con más cumplimiento, que por lo pasado, y fueron a descabalgar a san Pablo, comiendo o cenando, con el rey, y el infante: y todos vienen apuestos por de fuera de ricos guarnimientos, y los socorros de más que muy buenas corazas. Del lado del rey no se dividen el muy reverendo arzobispo de Toledo, el condestable, el almirante, el conde de Benavente, el señor de Oropesa, Fernán Alonso de Robles, los doctores Rodríguez, y Yañez. Los consejos se hacen de vagar, que los temores de juntarse lo vedan, y los negocios claman: ca los del rey dicen, que vienen armados y de gavilla los que andan con el rey de Navarra, y su hermano el infante; y los del rey de Navarra dicen, que el rey allende de las cien lanzas que quedó de concierto que trajese, con muchas armas más gente trae. Y vuestra merced pare mientes queseo no puede parar en bien. Ayer se hizo un consejo en el campo en una hermita, porque el rey de Navarra no osa descabalgar en la casa del rey ni el condestable, y los de su cuadrilla no se fían de descabalgar en san Pablo. Por festejar a vuestra merced le contaré un chiste donoso, que asembla con estas cosas. Ayer, al comer del rey, le dio un doncel un buen repelón o agujonazo a Pajarón, que estaba lamiendo un plato que al rey le sobró: y vuelto todo como un escorpión, dijo al rey que mandase a los donceles que no le agujasen; que por san Santiago que andaría a san Pablo con el rey de Navarra, y con el infante. A vuestra merced manda llamar el rey, y a los obispos de Palencia, y Soria. Nuestro Señor &c.

Epístola X

Al magnífico señor Pedro de Estúñiga, justicia mayor del rey

A vuestra merced mando a mi monje para que le hable en el camino. Yo he disculpado con el condestable la luenga demora de vuestra merced, ca él no la desea sino viene vuestra merced a ser de los de su pendón; y si el rey mandó venir a vuestra merced fue porque el condestable se lo aconsejó, por hacer, como se diz, del seguro. No sé cuál se sea el forro del pellejo. Y porque Pedro de Velasco el camarero mayor, y Fernán Álvarez el de Valdecorneja, e Iñigo López el de Hita son llegados, y les ha sido mal contado que hayan descabalgado en san Pablo, y sean de la contina en el estado del rey de Navarra y del infante, mando al monje para que vuestra merced lo sepa, y que el rey recibirá mucho desplacer de vuestra merced si se agavilla con esos caballeros. Y porque Pedro de Velasco se excusa y diz, que el rey y el infante le salieron al camino, y él se vino como era obligado los acompañar a su hospedería: porque el rey y el infante no salgan a vuestra merced al camino haga la su llegada de súbito y desembargado de recua, y descabalgue en la casa del rey, o en la del condestable; que le será bien contado, y de más pro. Y a la habla remito lo que falta a la epístola. Nuestro Señor &c.

Epístola XI

Al magnífico y reverendo don Lope de Mendoza, arzobispo de Santiago

De la dolencia repentina de vuestra merced ha tomado sospecha el rey que sea por no venir; y si fuese este el mal de la pierna, mi física no la llamaría la del monte, sino mucha sabiduría de fugir la ciudad: porque a do quier que vamos es con nos la confusión de la torre de Babel. Pero por no ser ético, sino físico, me remito en su dolencia al prudente médico de vuestra merced y le digo, que a la pierna no cargarla ni rascaría, ni untarla sin bañarla, ni irisipula sin fiebre sangrarla, sino de hambre matarla y en agua ahogarla. A vuestra merced dicen todos que esperaba el rey para haber consejo de la manera de apagar este fuego que todo lo cunde. Y viendo el rey que su persona no está segura, y que su reino está diviso, que es principium desolationum, tomó consejo con fray Francisco de Soria, que es religioso de vida mucho honesta y devota, y le sacó este buen religioso de perplejidad, y tomó su señoría deliberación de proveer al servicio de Dios, y a la buena gobernación de sus reinos. Y así, maguer que poco le place al condestable, se ha puesto en juicio de cuatro lo que se ha de hacer en las pretensiones que contra él y los suyos tienen el rey de Navarra, el infante, y los otros señores que son con ellos en esta Corte. Con la quedada de vuestra merced mi mula se quedó allá: y si no le ha dado otro mal de pierna, vuestra merced me la mande; que más he menester mula que pase de la pata a la mano, que el libro de Avicena. Nuestro Señor &c.

Epístola XII

Al magnífico señor Juan Ramírez de Arellano, señor de Cameros

Las reglas de medicina de vuestra merced son más sabias que las de Avicena, ca la sobriedad y la quietud del ánimo levan la causa de la corrupción; mas teniendo el almirante tanto consuelo en la compañía de vuestra merced cedo le veré en su rocín catando los husillos y pantanos para mi mula. Ya es notorio a vuestra merced como se acordaron los jueces de las sospechas que el rey de Navarra e infante don Enrique han del condestable, y son, conviene a saber, su señor de vuestra merced, el adelantado Pero Manrique, el maestre de Calatrava, y Fernán Alonso de Robles: y habiendo en cinco días debatido los de una parte y la otra en la celda del prior de san Benito, y dicho del condestable peor que del conde don Julián, y los del condestable dicho de los que siguen al rey y al infante peor que de los que prendieron al Redentor, pronunciaron los jueces, que el rey se fuese de Simancas, como lo tenía acordado, para Cigales; y el condestable fincase en Simancas, sin que de allí partiese hasta su pronunciación. En esto se acordaron; pero para lo principal, como cada dos de los jueces eran nombrados por las partes, siempre anduvieron divisos, y hubo de entrar con ellos a votar el prior de san Benito, que así era el acordado. Y decía el prior de no querer el cargo; pero fue atraído por los demás, y muy virtuosamente dijo Misa, y amonestó a los jueces con el Cuerpo de Cristo en la mano, que judicasen rectamente. Y salió ende la sentencia en que vieda al condestable que en dieciocho meses no vea al rey, ni ande en la Corte, ni quince leguas en el rededor, y que se vaya a sus tierras; y que no anden con el rey, ni en la Corte asistan aquellos que el condestable ha metido en la Cámara del rey. Si vuestra merced fuera latino le dijera en latín un dicho de Avicena, que en castellano suena ansina: La sanidad grande no se hunde de súbito; ca por un comienzo chico comienza la corrupción postrimera. Nuestro Señor &c.

Epístola XIII

Al magnífico señor Pedro Portocarrero, señor de Moguér

Con el personero de la magnífica consorte de vuestra merced y que se partió bien despachado de su padre, narré a vuestra merced la partida del condestable para su villa de Ayllon. Yo era ido con el rey a Cigales; pero su señoría escribió con tanto acomodamiento a la sentencia, y tanto buen talante y placer de que su señoría tuviese por leales servidores a los que le perseguían, que le dijo muy cumplidamente, que solo le desplacía en el ánima la luenga demora de dieciocho meses, por faltar de estar de hinojos siempre en el acatamiento de su señoría. Fueronse con el condestable García Álvarez el de Oropesa, y Mendoza el de Almazán, y otros que con ellos tiran acostamiento del condestable. El rey de Navarra, y el infante don Enrique han visitado al rey, y el infante anda muy humilde por ganar la gracia del rey, y su señoría le mira más graciosamente. Y como es sentencia filosófica que nihil vacuo in natura, muchos husmean por entrar a ocupar el vacuo del condestable: que el hombre ausente y el difunto se asemblan. Pero si mi física no mensura mal, el motu de la arteria graciosa del rey para con el condestable más querencia le tiene ausente que faz a faz; y lo he participado al almirante. Nuestro Señor &c.

Epístola XIV

Al magnífico caballero don Gonzalo Mejía, comendador de Segura

Rezagada me dan la letra de vuestra merced para Fernán Alonso de Robles, y la petición de su sobrino para la Tenencia de Montanches; porque tras ante ayer le mandó prender el rey, y fue llevado a Segovia por el doctor Pedro González del Castillo, oidor y alcalde del rey. Su compendio pasa de esta guisa. Después que se acomodó con los otros jueces para hacer la sentencia contra el condestable, el rey no le cató más a la cara: y dice Biñuesa, el mozo que atiza la lamparilla que queda al rey, que oyó decir a su señoría aquella noche que le quitaba los borceguíes Juan de Silva el alférez: El doctor Juan Alonso es desleal al condestable que le ha sublimado; mal podrá serme leal a mí. Por aventura supieron esto el rey de Navarra, y el infante, y los otros grandes, y como dicen, son tres al mohíno; ca estando todos mal con Juan Alonso por su altivez (que yo creo que es de su natura, y no de entonces) le dijeron de consuno al rey, que él los revolvía unos con otros, y que tenía tan malas maneras de hombre, que siempre serían divisos sus buenos vasallos, si no lo arredraba de sí. El rey se lo concedió de súbito, como aquel que en gana lo tenía. Este gran mar del valer y privar y malas querencias, que más amplio es que el de Finisterra, no puede estar sin motu: por ende atienden los sublimados a cuál será el tercer cuerpo que lanzará de sí tras el del condestable, y Juan Alonso. Nuestro Señor &c.

Epístola XV

Al docto varón Pedro López de Miranda, capellán mayor del rey

Si con mi física no os puedo acorrer, con mis epístolas os haré compañía, mientras que la temperanza vuestra, y la sutil agua de Segovia remedian a vuestra gota, o gotera; ca aquel proverbio que diz que se pega a los ricos, significa que va donde abundan las preparaciones de gula. Si vuestra virtuosa persona se hubiera hallado con la Corte, hubiera visto asaz pasatiempos, y honrados cumplimientos; mas por los ojos de las orejas los vereis en esta mi epístola.

Lo primero el rey hizo perdón general a todos sus súbditos, del más chico al mayor, de lo que han sido y podido ser culpados en las cosas del rey de Aragón y rey de Navarra, e infante, y sus alianzas. Otrosí al infante, y a su mujer ha donado las villas de Trujillo y de Alcaraz y más vasallaje, y le ha señalado para su haber y mantenimiento un cuento y medio de cada un año, y le ha donado 200.000 florines: y al rey de Navarra para por cuenta postrimera le ha mandado dar recudida en sus libros de asientos 100.000 florines. Y mandó a recuesta del rey de Navarra y del infante, que a todas las ciudades y villas del reino se mandase una auténtica de la sentencia del malvado Juan García de Guadalajara, para que los que fuesen después de nos supiesen en cada villa y ciudad, que con sus mañas y cartas falsas había aliñado la perdición del condestable don Ruy López Davalos, y la prisión del infante, y la de Pedro Manrique, y otros buenos y leales: y al rey le plugo muy mucho desta demanda. También el rey mandó a los grandes de Corte que fuesen para sus lugares, y al adelantado Pedro Manrique, al conde de

Castro, al almirante, y a los doctores del Consejo del rey con su señoría, que manda que vayan a haber reposo los grandes a sus tierras. Si se aconseja con su físico, posará otra buena vegada en Valladolid; que el motu de cada hora consume las verjas traviesas de las cárceles, y las piedras berroqueñas de los brocales de los aljibes.

Nuestro Señor &c.

Epístola XVI

A la muy magnífica y virtuosa doña Breanda de Luna

El almirante me tiene por mejor decidor que físico, pues se cura contino con el bachiller Birbiesca, y a mí da la cura de narrar a vuestra merced las fiestas que muy cumplidamente han hecho los reyes, y el infante, y otros personajes, en tema unos de otros desde el rey abajo.

Hanse hecho en solemnidad de la infanta doña Leonor, que andará presto a casar a Portugal como vuestra merced sabe. La primera fiesta fue el torneo de cincuenta por cincuenta en la plaza: y en cada cabo desella. Había dos torres con todos sus amaños de guerra, que con ser de madera y lienzo pintado, semejaba que fuesen de piedra berroqueña: y juntó a ellas había tiendas bien adobadas y apuestas sobrecubiertas de telas de sedas de muy varios visos, y dellas salían los caballeros al llamado de los aventureros; que en llegando a la puerta de las torres tiraban sus palafreneros de la campana que en cada torre había, y daban tantos golpes con el badajo como querían en señal que para tantas lanzas desafiaban al mantenedor de aquella torre. La primera torre era del infante don Enrique, que con grande apostura y con grande amaestramiento del cabalgar de la brida enmostró en toda la tarde. En esta justa pasó una mala ventura, ca dio un desemejable encuentro a Gutierre de Sandoval, de que otro día murió, Alfonso de Urrea, que muy diestro de este arte es, y por eso le llaman en Aragón el justador: y viéndolo Alonso de Urrea caído y herido, y como conoció que era Gutierre de Sandoval, que no lo conociera de primero, y era su muy amigo, y justaban muy a menudo por su placer, y otros con ellos, se apeó y lo metió en su tienda, y más no justó de angustia grande que hubo. Después desta justa el infante hizo una gran sala y tabla al rey de Navarra, y a la reina doña Blanca, y a la infanta doña Leonor, y a sus hermanas, y a su mujer, y al príncipe, y a todos los grandes. En un cabo los dos reyes, y las reinas, e infantas, y dueñas de porte que fueron a ver la fiesta; y en otro cabo el príncipe, y el infante, y los grandes y caballeros extranjeros y naturales: y a todos dio el infante dádivas asaz cumplidas, y al príncipe un cogote de airones el más cumplido que se ha visto: y se hizo después un yantar tan cumplido a menestriles y palafraneros, que yantaban trescientos. Y diz que gastó el infante ende 9.000 florines.

El otro día el rey de Navarra hizo su fiesta. Mandó hacer un castillo tan an cho y tan alto que cabía el rey dentro cabalgando y armado y lleno de plumajes y guarnimientos su señoría y el caballo que era muy poderoso: y delante de su señoría eran cuarenta caballeros armados de arneses fabridos asaz. Y en llegando a la plaza se abrió el castillo, y los caballeros se partieron veinte acá, y veinte allá: y el rey de Navarra con seis caballeros se puso a mantener la tela. Los seis caballeros del rey de Navarra, eran Mons de Falces, Berenguel Bardavi, Fierres de Peralta, Juan de Luna, Rocaberti, y Mosen de Abarca.

El condestable salió por aventurero, y justó con el rey de Navarra, seguíanle doce caballeros de su casa, conviene a saber, Juan de Silva, Alonso Pérez de Vargas, Inestrosa, Garci Fernández Portocarrero, Lope Alvarado, Pantoja, Francisco Carabajal, y otros que no supe sus linajes: y fue justa sin aciago. Y a la noche el rey y todos los de la fiesta del infante fueron a san Pablo, adonde en un corralón habla el rey de Navarra hecho hacer una gran sala de estado, y allí con mucha orden y concierto fueron a las mesas: y la sala era cubierta de paños de valor; y la parte donde el rey, y la reina, y las infantas, y el príncipe eran, estaba bien cubierta de finos brocados. Y después hubo danzas... y la infanta doña Leonor llevó la gala de bien apuesta y graciosa: y la cuñada de vuestra merced rogó con muy mucho placer de todas al arzobispo de Lisboa que bailase con su merced una zambra. Este arzobispo es don Fernándo de Castro, nieto del rey don Enrique el viejo: y se excusó con buena cortesanía, y dijo qué si supiera que tan apuesta señora le había de llamar a baile, no trajera tan luenga vestidura.

Pasada esta fiesta del rey de Navarra, el rey don Juan hizo su fiesta, y fue mantenedor de la justa y se apareció en traje de montero en pos de doce caballeros de la misma manera trajeados, es a saber con venablos en las manos, y bocinas en las espaldas: y llevaban treinta monteros de a pie un león furiente atado delante, y un oso disforme: y los monteros iban pulidamente ataviados de colorado y de verde, y llevaban por igual... Para esta justa eran señalados veinte caballeros aventureros de la casa del rey de Navarra, y del infante. Ruy Díaz de Mendoza, mayordomo mayor del rey, hizo justa con su señoría, y el rey quebró en su armadura tres lanzas: y desque el rey se apeó, envió a Ruy Díaz el caballo en que había hecho la justa, que era muy hermoso, y paramentado de muy fino brocado carmesí con cortapisas de cebellinas, en que asaz hay para hacer un par de capotes. Y a la noche se yantó y bailó como en las otras: y el rey mandó a Ruy Díaz de Mendoza que fuese muy cumplida la sala, y que se hiciese otro yantar en la calle de la casa del rey a todos los peones forasteros, y de las casas del rey, y del rey de Navarra, y del infante, y de los otros grandes.

En pos desta fiesta el condestable hizo la suya, que fue un torneo de cincuenta por cincuenta caballeros, los unos blancos, y los otros colorados, que semejó más a batalla que

alegrías: y las acometidas que unos hicieron a los otros die-
ron gran contentamiento a todos, ca fueron como de muy
arteros. Caídos fueron dos criados del condestable, Zayas, y
Finestrosa, y Alonso de Estúñiga, hijo de Fernán López, que
le destriparon el caballo, y luego cabalgó en otro. El condestable llevó la loa de ardido, y andó acá y allá del torneo y
mostró que le había mostrado bien el Bohemio el cabalgar a
la brida, porque andó tan tieso como si con la silla fuera uno.

Estas han sido las fiestas que el almirante manda que narre
a vuestra merced que no pueden semejar a las veras, ca en la
epístola no se meten las colores y los plumajes y guarnimientos, y el audíto no puede dar la narración al entendimiento
que el viso faz. Será cabo desta narración que la infanta doña
Leonor se despide para irse a Portugal; que por el marido que
las atiende no se curan las hembras de dejar los hermanos.
Prepáransele buenos ajuares y brocados, y 3.000 florines.
Nuestro Señor &c.

Libros a la carta

A la carta es un servicio especializado para
empresas,
librerías,
bibliotecas,
editoriales
y centros de enseñanza;
y permite confeccionar libros que, por su formato y concepción, sirven a los propósitos más específicos de estas instituciones.

Las empresas nos encargan ediciones personalizadas para marketing editorial o para regalos institucionales. Y los interesados solicitan, a título personal, ediciones antiguas, o no disponibles en el mercado; y las acompañan con notas y comentarios críticos.

Las ediciones tienen como apoyo un libro de estilo con todo tipo de referencias sobre los criterios de tratamiento tipográfico aplicados a nuestros libros que puede ser consultado en Linkgua-ediciones.com.

Linkgua edita por encargo diferentes versiones de una misma obra con distintos tratamientos ortotipográficos (actualizaciones de carácter divulgativo de un clásico, o versiones estrictamente fieles a la edición original de referencia).

Este servicio de ediciones a la carta le permitirá, si usted se dedica a la enseñanza, tener una forma de hacer pública su interpretación de un texto y, sobre una versión digitalizada «base», usted podrá introducir interpretaciones del texto fuente. Es un tópico que los profesores denuncien en clase los desmanes de una edición, o vayan comentando errores de interpretación de un texto y esta es una solución útil a esa necesidad del mundo académico.

Asimismo publicamos de manera sistemática, en un mismo catálogo, tesis doctorales y actas de congresos académicos, que son distribuidas a través de nuestra Web.

El servicio de «libros a la carta» funciona de dos formas.

1. Tenemos un fondo de libros digitalizados que usted puede personalizar en tiradas de al menos cinco ejemplares. Estas personalizaciones pueden ser de todo tipo: añadir notas de clase para uso de un grupo de estudiantes, introducir logos corporativos para uso con fines de marketing empresarial, etc. etc.

2. Buscamos libros descatalogados de otras editoriales y los reeditamos en tiradas cortas a petición de un cliente.

LK

www.ingramcontent.com/pod-product-compliance
Lightning Source LLC
Chambersburg PA
CBHW020436030426
42337CB00014B/1289